CÍRCULO *Luna Parque*
DE POEMAS *Fósforo*

A morte também aprecia o jazz

Edimilson de Almeida Pereira

11 Na Ópera de Wifredo Lam
15 Curta-metragem
19 A morte também aprecia o jazz
22 Sol sob o teto
24 Lições caribenhas
28 Céu inferno
29 Hora do rádio
31 Odisseia
    I. Ash
    II. Agitu
    III. Marco
    IV. Eva
    V. Ibrahim
    VI. Samuel
    VII. +Orfeu
    VIII. Noite
39 Esse rio depois
41 O jaguar no sonho
44 Pedra negra
45 Um cão
48 Hotel paraíso
51 Nas docas
53 Arena
55 O pugilista
57 Ananse
59 Sycorax

62 Ruína Resort
66 Estamparia
68 *Assemblage*
70 Máscaras
72 Ao ar livre
75 O rio e as coisas
77 Argumento da flora
82 Cobiana Djazz
84 Trópicos
  I. Convite
  II. Íma
  III. Camuflagem
90 Diquixi, ateliê Artur Timóteo da Costa
102 *Assemblage*
  N. 1
  N. 2
  N. 3
105 Rua H
108 Oop Bop Sh' Bam
109 Canção
111 *Berceuse* para Jeanne Duval
113 Elite Social Clube
116 Trompete
118 Um lance com Léon Damas
126 Velhos
127 Réquiem

129 NOTAS DO AUTOR
131 POSFÁCIO
  Nos rastros da palavra-mundo de Edimilson
  de Almeida Pereira
  Michel Mingote

À Prisca siempre.

*Para meu pai Geraldo M. Pereira,
que ensaiava outra vida na Orquestra
do Clube Euterpe,
depois das jornadas na fábrica.*

Este *A morte também aprecia o jazz* é parte da série O QUE DANÇAS?, formada pelos livros *homeless* (2010), *Signo cimarrón* (2005), *iteques* (2003), *o velho cose e macera* (2002), *Veludo azul* (2002), *Sociedade Lira Eletrônica Black Maria* (2002) e *ô lapassi & outros ritmos de ouvido* (1995).

Ela está com calor. Ele está com calor. A sala inteira está com calor. Ele toca com os dedos aliciantes. Sufoca o trompete. Está nu. Isso é jazz nu. Oop Bop Sh' Bam. Nunca mentindo. Dizendo a coisa como é.

Jackie Kay

Na Ópera de Wifredo Lam

I
Há um nervo tenso
sob o signo.
Com ele se vela
o ciclo lunar.

Com ele se grava
nas árvores,
apesar
do incêndio.

O esqueleto medra
nos recifes.
Paris é outra
floresta.

O que respira além
da forma
sob
a folhagem?

O signo investiga
o lado
de fora
da ilha e o começo

de um pesadelo
: algo desvia

o sol
para o abismo.

A mão floresce
por tudo isso
e finda
— o signo não.

II
Quem é você?
Fora de si
quem é você?
SUA ANIMA MÁSCARA

O que extrair
da lapa? De quem
é o vulto?
SUA LINHA DE SANGUE

Um freio range
a cada gesto:
"Isso é impossível,
não se atreva,

indo a Marseille
não se fie nos cordames,
na volta de Londres
obedeça às rotas."

Quem é você?
Fora de si

quem é você?
Fria ilusão irmã.

Em sua língua
— quimera —
nascem cones
do deserto.

Seu rosto, um *esquisse*.
Quem é você?
O que faz saturno
em sua cabeça?

"Indo a Marseille
estire até o cais, se ouvir
o canto
não confie nas parcas.

Se regressar
ao Caribe não circule
as lianas
com um lápis."

Quem é você, o que
nos resta? A pergunta,
talvez,
que ninguém faça.

III
Um lagarto traduz
a Ilíada.

Dentro do que sabíamos
outro saber
era possível.

Queríamos algo
em colisão —
não a sarça dos anjos.

Algo sombrio
por onde
soasse o corpo poroso.

Na manhã
que os braços não querem
adiar

a alegria   jaguar
nos captura.

"Não te percas",
grita
o afiador de arpões.

"Estás no refúgio
onde embarcam
as ideias:

sei quem és
em tua forma
íngreme."

Tudo é matemática
        no caos.

Curta-metragem
Diálogo com Walcott (Omeros, I)

I
O vento rasga as páginas
que lês ancorado na varanda

(a cena do assalto à gruta
submarina acelera, Archie quase

se afoga com a rajada de ar
entre os corais — ele que tira

música como ninguém
de uma tábua de esfregar

roupas). Há tempos esse livro
ocupa tua cabeça:

escrito com nomes da Grécia,
caçadores de tartaruga

e barcos feitos com a queda
de cedros gigantes,

é um livro de explosivos
em vez de sacos de aniagem.

Não viajas, mas tua escrita
avança na velocidade

de escuna entre estudantes
e coletores de prêmios.

(Archie escapou do acidente
e nadou em direção à gruta

como se nada tivesse
acontecido).

II
Um livro de vidas não é bem
uma aventura,

mas um destroço
devolvido à superfície.

(Archie olha para a caverna,
prestes a soltar o arpão.

Ao se ver flutuando no mesmo
útero que o inimigo

se interroga
sobre essa irmandade avessa).

O vento acelera
a fuga das horas na varanda:

lês sem escafandro.
(Archie recolheu o arpão, veio

descansar nas pedras, não quer
mais a caça

para o sustento, quer
um público que o escute

sobre o que havia e não havia
na gruta). Antes

de saíres ao trabalho, marcas
no teu livro a cena

do assalto submarino:
foi uma situação arriscada

ou uma armadilha
de substantivos?

(Archie vendeu os
apetrechos de pesca, não se

recusa a contar o que viu, exceto
se o chamam de o

homem que inventou a língua
da enguia).

E tu, que vês
as minas florescendo na areia,

ágil,
sem nenhuma certeza,

recusas a escrita que respira
com o pulmão alheio.

A morte também aprecia o jazz

O óleo de baleia calafeta os barcos,
a viagem depende desse trabalho.

No cinema, o que não vivemos
vive. Tenho um *jab* do outro mundo
e nenhum adversário à altura.

Por que bater sempre? indaga a cabeça,
nem todo lugar é um ringue —
as delícias circulam em algum jardim.

A morte tem método, se erra
o fio que puxa incendeia a si mesma.

É para ela o grito injetado de ritmo.

O que a morte não aprecia se devora.

✳

Depois de tantos anos, o mar
vive na fotografia.

Instada pelos mortos, tocas
a cumeeira
e os velhos
sem perguntares onde se deitam.

Seria engano dizer que renasces,
embora

o sopro daquela tarde
sopre
nos mecanismos de quem
te observa.

Tudo é máscara, dizem —
se é festa.

Os quelônios retornam,
o que é humano despista sua derrota.

✳

Tuas mãos no tórax medem
minha respiração.

Entre a saída e a entrada do ar
uma aragem
que não sinto —

tuas unhas em meu espírito.

✳

Sem barcos para calafetar,
me ocupo das perdas.

Separei em colunas
os bens que nos foram tirados.

Um objeto
recuperado do museu

nos impele
à praça.

Incrustados nele tua voz em látex
meus olhos
um peixe
teu sexo
o dilúvio
um seixo
os pés
da inércia
o precipício —

um código disperso.

✳

A morte decompõe o jazz e se emprega
no píer exigindo um bom salário.
Desistimos de lhe ensinar outro
golpe para atingir o abdômen inimigo.
Talvez não seja o caso de bater-se
contra ela
nem de aceitar sua vocação de fábrica
(da mesma canção
cada ouvido retira o que lhe convém).
A morte aprecia o jazz, ao improvisá-lo
reconhece suas regras
(nós, a custo, nossas rugas).
Quem lhe dirá "estás surda?" — quem?
ante o fardo do nosso travesseiro.

Sol sob o teto

Certa casa se faz com a perda
do alicerce.

Com a valise de agruras
e seu instrumento
alguém pensa em paragens
noturnas.
Vieram dizer ao pé
do ouvido: "O baile continua".

Apesar dos pesares,
os ossos estão
soprando como nunca.
Deram corda ao piano
e o que foi gasto se recompõe
na sombra.

A casa nada concede à fera
humana.
A cárie se alargando
entre os esteios
não diz apenas das ruínas
(algo se acende
no quarto escuro).

Vieram ao pé do ouvido:
"É o baile, compreendes?".
A porta divorciada da chave.
O instrumento fora da caixa

e dentro de casa
uma infusão de risos.

Quem lustrou o piano com
sapatos novos?
É uma festa só de feras.
Vieram dizer aos
não-músicos: "O baile continua

para trazer abaixo os esteios
e os cubículos".
A casa faz-se noturna,
não vês?
E há sempre alguém
para começar um incêndio.

Lições caribenhas

I
Exumar e tecer
a dália negra
com o mar
ao fundo.

Mesmo submerso
um crime
aponta
o criminoso.

Exumar com lápis
e pinça,
se necessário
quebrar paredes,

óbices,
os homens de terno
e medo
da rubra dália

negra.
Exumar de si
o código
de bons costumes

(matar
morrer a metro).

Exumar a dália
negra

e ver sua morte
tecendo
um corpo que não
lemos.

II
Sob o holofote
a dália negra
não se desprende
dos cabelos.

Quem a leva,
enquanto
fala ao microfone
anos cinquenta,

é outra — flor?
Souvenir da indústria
turista?
Não.

A dália doa-se.
Noites exumam
sua
imagem,

uma grã senhora
que disse

a Breton:
"Debaixo do Hades

teus sonhos
dão sono
aos anjos de gás".
A dália negra

faz tiro ao alvo
com sua
fala — e desaparece
sob aplausos.

III
Tecer para inumar
a dália
negra
em sua hora.

Não ainda, ainda
não
se, de todo
morta,

ela
ressoa em mim,
em ti
que falamos dela.

Pensa conosco,
o mar ao fundo

e a quimera
do canto —

vida à dália
negra
exilada ao sul
do esquecimento.

Exumar e tecer
a outra flor
que há em toda
flora

(se não for isso,
de que serve
o poema
best-seller?).

A dália negra
anima-se
anos-luz
ao microfone.

Ouçam-na
quando puderem.
Abaixo
e acima da terra.

Céu inferno

O bate-estaca aguilhoa o pântano.
Perco pela quarta vez no baralho.
Não é que minha tática não funcione
ou a música no fundo me distraia
(a fricção no contrabaixo nubla
os intervalos do bate-estaca) — não
é o meu cálculo previsível, é tudo
isso morrendo como os nenúfares.

Ao contrário do horror que esconde
as raízes e mostra sua arma no bar,
o nenúfar submerso e à superfície
é a lucidez total. Na quinta rodada,
uma carta risca a mesa a contrapelo:
quem bateu e virou a banca? Eu, tu
sem deus às costas — a terceira
pessoa tocando bem o que nos toca?

Hora do rádio

As últimas notícias não são boas.

Tuas amigas perderam filhos,
aumentam as greves
e demissões.
Numa lista de procurados
um rosto que conheces
(o crime? não há,
basta um retrato falado
e a conivência dos criminosos
atrás de uma mesa).

As coisas estão piores, o aro
da bicicleta (ou a vida?)
empenou, ir ao mercado demora
uma viagem entre oceanos.
Lentamente, como a voz
de Miss Perfumado, o fêmur
se dilacera
— talvez surja uma praia desse
mineral em farelos.

Colaram uma lista com o preço
dos alimentos à tua porta —
no tempo de escassez
são assíduos na propaganda.
Não reconheces o valor cobrado
por um naco de bacon
nem as cifras do álcool.

Eles têm outra sede, tu o humor
que enrubesce os mortos.

O fêmur da bicicleta
e os óculos envelhecem, não
o baile
quando mudas de uma estação
para outra no *dial*
e voltas a Nice e Porto Príncipe
nos teus melhores dias.
As últimas notícias não são
as tais, segreda Miss Perfumado.

Odisseia

A Igiaba Scego

I. ASH
Um atendente deve esperar o fim
de semana para estar com a família,
reza o contrato. Mas o gerente
(que deixou de ordenhar cabras)
estende o acordo — ele que atende
pelo nome escrito na camisa
teve vinte cabras antes que um míssil
o arrancasse do Marrocos.
Compreensão com seus excessos,
quem nunca perdeu a terra
sob os sapatos não imagina o que é
ser expulso de sua ilha de cabras.
Segundo o contrato, um atendente
pode alcançar a gerência, basta
dissolver-se nos alicerces do hotel.
Assim integrado, sem minas
explodindo, talvez se lembre que foi
a pedra angular de um domingo.

II. AGITU
Agitu Gudeta retorna à sua casa
em Adis Abeba.
Deitada no escuro, flores à sua volta,
ainda se levanta.
Antes da manhã plena,

se dirige ao campo.
É preciso salvar uma espécie
de cabras
e com elas algum pudor humano.
Agitu regressa à casa tarde
para quase tudo, menos para
um carinho em suas cabras.
Agora imóvel, fiel às pedras,
conversa sob os cascos.
Agitu empedernida cruza
Adis Abeba como fizera na Itália
: céu largo, via-futuro
e os limites de um passaporte.
Um carimbo fúnebre
a impede de voltar à sua paisagem
: as cabras
o abismo
o arvoredo
cada lírio seu fez as malas,
não a viagem.
O assassino morre de Agitu Gudeta.
Tirou-lhe o sopro,
mas ela regressa para onde deseja.
Seus cães maceram
o campo escuro.
Os homens são martelos sovando
o próprio corpo.
Agitu Gudeta se levanta
(não importa o desastre)
para que o tempo não lhe falte.

III. MARCO

O mapa da Europa de cabeça
para baixo trinca na parede.
Nenhuma forma persiste
girada a cento e oitenta graus.
Nesse outro continente,
tens o pão de cada dia — ninguém
te exige documentos,
lugar de origem. Estás vivo
apoiando-se numa das pernas.
Encostado no muro da estação,
contas as idas e vindas dos trens.
Por que não rompem a fronteira?
Teu cérebro não se conforta.
As bombas ainda explodem
e o metal das baionetas
enferruja na base.
— Tens o cérebro vigiado, disse-lhe
o amigo etíope.
— Quem está livre disso? — deves
ter comentado, enquanto
a dormência acendia o sinal de alerta
em tua perna esquerda.

IV. EVA

Do outro lado do arame, Hungria.

Do outro lado do Atlântico, Haiti.

Assombrado pela seca no Mali
imaginas
um mapa com o desvio das águas.

Nesse apartamento sem arestas
numa cidade
em que as línguas jorram por si

tens à altura da mão uma árvore
nenhum débito
e teu corpo traduzido por mim.

Em alguma parte romperam
o lacre
de uma valise.

Por todo lado uma cerca, aqui
nesse
alpendre.

Haiti   Hungria   ponte pênsil
entre documentos.

V. IBRAHIM
no Derby Caffè — a essa hora
a estação de Porta Genova
não leva a lugar algum.
Um senegalês saúda alguém,
não recebe de volta o aceno.

Caixa amarela   GLOVO
sobre o corpo negro palavras
quadradas em veloz bicicleta.

No Derby Caffè tragado pela
neblina, uma família
revisa um maço de fotocópias.
A mãe e o cigarro abraçam
as crianças exaustas.

Ibrahim se atira numa cadeira,
preso às garrafas.

Outro corpo atravessa a rua
com as palavras quadradas
às costas GLOVO amarelo
injetado nas veias da cidade.

Antes de sair, Ibrahim atenta
para um globo sobre a mesa.
Gira-o
dizendo para si mesmo:
— Acelerem até o lucro estourar.

VI. SAMUEL
"Se o caminhão cruzar a fronteira,
teu coração vai disparar" —
disse o motorista contando as notas
que me saltaram das mãos.
Entrei e me acomodei junto à carga
de pneus — a porta fechou a noite
sobre as mercadorias.

Perdi a noção do tempo e distância.

Devo ter saído do corpo e batido
contra o muro de borracha.
Me esqueci dos pêssegos na mochila,
desci ao piso áspero da carroceria.
"Quando a fronteira se abrir
(disse o chofer limpando as mãos)
não seremos búlgaro ou caoberdiano."

[...]

Escuto vozes checando os pneus.

O motorista paralisado sob a luz
policial
as rodas e o mundo sem oscilação.
Um braço me afaga, se eu respirasse
gritaria — "sou caoberdiano."

VII. +ORFEU
O desespero de não saber a canção
que ressoa pela metade
                                        GRITO
sobre-humano no Mediterrâneo.

O desespero
de passar o trópico, saudar o frio
e segurar
a mão do menino para que não se
afogasse.

O silêncio dos avós é uma traição
nessa hora: seu canto

deveria ser
um escaler uma faca no pescoço
do sono.

O desespero é um fotógrafo atento
ensina às cegas
o que a mão faz no escuro.

A gema da canção se perdeu ainda
que o rádio
a tocasse
e a mão em sonho buscasse alguém
no fundo.

VIII. NOITE
A noite
se anuncia no posto de vigilância.
Mesmo que sugasse
a galáxia
não registrariam sua presença.
Sua língua não conta.
O rio
e a ponte não dão passagem
a quem se desespera
entre salvar uma foto ou viver
para fotografar-se.
Homens blindados não enxergam
a sombra
e o campo ao redor.
Não lidam com essa mãe anterior
à guerra.

Estão surdos
armados contra o que é pluma.
A noite, contudo, vem
atravessando o próprio manto.

Esse rio depois

A Paul Celan

I
do Sena — ossos fizeram um dique
na história. Herdamos o caniço
por onde respiravas.
Noutra margem, a casca
resume a árvore, o vento resvala
no muro. O sobrevivente
misturado à névoa não
quer renascer, sua fuga é revolta.

Outono sob os sapatos — escavaram
o que feroz nos redimia.
O melro afogado.
Escavamos a ver se a terra era um leito.
A mão pensou no feto
até enlouquecer.
Um sobrevivente
não diz se cortou a cerca elétrica em si.

II
Teria sido útil rolar na grama
para não permitir, agora,
que a mão vacile ante o gatilho.
Junto do fogo, recusamos o grito
que nos daria consciência.
A chuva noturna, o corpo colado
à blusa — uma dose

letal
ígnea —
o som desfiando os nervos.
Tudo seria, se rolássemos, instrução
para defender a nossa casa.

III
Sem receio, visito teu quarto,
não indago
quando voltam. Tirei os sapatos
para o exílio não entrar comigo.
Ao contrário das vezes
em que o teu e o meu corpo
se reconheciam fósseis,
estamos vivos.
Escavar naquele tempo era subtrair
a flor
do arame.
De pás (quase armas) em punho
o meu
e o teu corpo estranhavam
a própria natureza,
um tanque depois do disparo, não.

O jaguar no sonho

Tatear os verdes degraus do verão.
George Trakl

I
A criança devolveu a mãe à lua branca,
depois de meses entre o abraço e a floresta
precisam da separação.

Sem saber que é espreitado, um homem
vem para fora. Seus ossos
esfarelam, ele levanta a cabeça
para tudo à sua volta — já não quer as linhas
do junco
mas a ilusão de estar vivo acima dele.

O homem não saúda a criança da floresta.
Nas árvores pendem as cabeças
de quem sequer nasceu.
Grandes árvores, a mãe pensará, um dia,
quando espreitar da lagoa escura.

A queda dos ramos é uma canção-alarme.
Besouros fazem fila, empurram
uns aos outros.
Se estão armados para a defesa ou a fuga,
não se adivinha.

A mãe sega a flor aquática.
Os sinais são horríveis, ninguém se interessa

pela opinião de um cadáver.
Os sinos fundiram-se à trave, nenhum rumor
lembra que houve
um corpo em outro sob as cobertas.

Tu que foste de um lado para o outro
e viste a sombra quebrando os limites entre
a cidade
e a floresta — lês
na ausência de sinais um convite ao fogo.

II
A mãe, na verdade, não teve um filho, mas
a sua espera.
Não é ele quem se debate preso à mandíbula
da razão.

A mãe entrou no charco para colher os bulbos
órfãos.
Enquanto entra e sai de outra mãe,
alcança um berço novo.
São irmãs, vistas de longe, cultivando o bem
que lhes serve.

O jaguar bebe no interior da mata, sua imagem
transtorna os peixes.
Se lhe dissessem que alguém está distraído
pelo sonho
continuaria a beber o que não é água e aplaca
a sede.

O passado não tem o nome que lhe damos,
é outra flora
arranhando os troncos.

O jaguar subiu as escadas do verão e saltou.

O presente deveria dançar com as libélulas,
mas está preso
pelos cadarços — homens espreitam.
Para que o mundo continue velho,
contam seus filhos como se fossem moedas.
Os pássaros fogem
desses que não saltam no fundo de si mesmos.

O jaguar pousa como se não tivesse o escárnio
às costas.
A lua atravessa os poros da grande árvore.
Se disséssemos que estamos sós,
apesar do abraço,
ele nos daria razões para estarmos mortos.

A mãe nascida de si pensa
que é cedo para retornar à cidade, enquanto
o fruto não substitui
as cabeças penduradas nas árvores,
ela sobe as escadas do verão — e salta.

Pedra negra

Não era preciso subir, mas escalamos
degrau por degrau a face extrema
do paredão, pés-mãos sincronizados
não deixavam marcas atrás de si.
Tudo, alto e temporário, era o fim.
Outros seguiram por uma trilha
até o nervo da experiência.
Entre bater de frente ou contornar
restaram a subida e, com um pouco
de sorte, a volta ao acampamento.
Por uma hora o gelo ardeu na garganta.
Unhas arando a pedra recuperaram
a sensibilidade dos arranha-céus.
Um lagarto se recompunha ao sol
alheio à rusga entre as retas paralelas.
Na beira do penhasco,
respiramos como alguém se exaurindo.
Fôssemos cautos, veríamos a onda
de calor fugindo para além da chapada
e todos — exceto nós — fechando
às pressas seus casacos. Assim
que o paredão se dissipou, cortamos
os meridianos à luz de uma lanterna.

O lagarto lunar recém-despertara.

Um cão

I
desiste de ser humano
e de certa poesia cabeça
baixa ante o céu pesado.
Desiste tardio, traído
pela inteligência que o homem
não tem — aquela do rio
que o navega. Um cão lendo
demite o chefe, ateia
fogo à camisa de força.
Por que se conformou ao osso
de plástico? Ao pelo
curto para a saúde alheia?
Por que sua casa (selva
ainda) se reduziu a uma quadra?
Teria o homem
ciência desse engano?
Tem e registra em fotos
sua trilha — no supermercado
vende compra se vende
à morte nos finais de semana.
Induz o cão a segui-lo
sabendo que aí sufocam
os da sua espécie. Não cabe
no cão o que é desumano,
não há cachecol
que impeça nele o lobo.

II

Um cão recusa a treva
e o chamado da história.
Um cão é avesso
à fraude de quem o examina.
Um homem se exibe
quando passeia e crava
um círculo ao redor do cão,
obriga-o a ranger
diante do arame farpado.
Um homem-infarte
anuncia a perda
do cão ou da sua posse?
Há uma crise, o cão a percebe
alçado à condição
de um filho ausente.
O cão é o que somos,
diz um cartaz no *shopping*.
O coração preso à corda
dominical enluta-se.

III

O homem será outro se o cão
domar seu *frisson*
por filmes em preto e branco?
Cão cão cão — teu repto
não tem a ver com a caverna.
Ainda esperamos lá,
tu saíste para a floresta.
Onde não escrevem CAVE
CANEM

o cão vinga, o homem esquiva.
Um navio para o cão, uma
centelha
— liberto de Ulisses
Argos é sua constelação.
Sob os caninos
não há dívida que prescreva
: para quem arrastou o país
à guerra
e ao suplício
o mundo do cão é uma afronta.

Hotel paraíso

Elegância copo isca sapato bico fino chapéu
panamá.

Não apenas isso: gravata punho perfumado
flor na lapela.

Não apenas isso, não só a altura do teto e o
braço estendido no trem.

Isso e a noite em fuga, o grande dia e a noite
não bastam.

Na recepção do hotel
um abajur lilás ninguém e o tecido ardente

o rádio não funciona e aqui é sempre verão.

Elegância é dizer — o teto não é o limite e a
língua morta está de pé.

✳

Se for preciso explicar a raiva dessa língua,
beije-se a pantera.

Quem puder tirar de si um delito e coroá-lo
de êxitos,

quem quiser confessar que não foi cúmplice
do ataque pelas costas,

deixe-se ouvir. A parede do quarto ao lado
acabou de desabar.

Um sopro quente uma ciranda um gesto
arremessado

e é nada — beije-se a pantera, a vida pede.
Ninguém vai à lona

e se levanta nu.
Se for preciso, diga a si: o paraíso é guerra.

*

O céu aguarda o maremoto trem das onze —
conexão direta

sem ponto final. Senhoras e senhores : X :
a ideia salvadora não veio,

eu vim. Não serei a escada de incêndio,
mas estou aqui.

Trouxe um galão de gasolina. Escrevo
cortina de ferro, Mar

do Norte, Estreito de Bering. A fachada
leste sofreu

avarias. Nenhum artefato sabe como eu
o que é explodir.

*

A gramática não é de primeiro nem de
segundo grau.

Vai se fazendo enquanto a língua cruza
a cidade.

O quarto no Hotel Paraíso desliza sob os
pés,

estar elegante é ir ao solo e não cair.

Vamos no último maremoto, parece que
Miss Perfumado

embarcou e tocam sem cessar sua canção
mais triste.

A parede da entrada ruiu, o éden derrete.

Vamos bem vestidos ao berço da pantera.

Nas docas

As raízes expõem o desastre da noite
anterior. A mão de alguém, traída
pelo rumor, deixou cair o martelo. O teto
se levantou com a tempestade.
Numa tatuagem, um peixe nada sem luto.
Se soubessem do desastre, enviariam
cartas solidárias. A mão colonial abriu
uma conta com falsos pesares.
Um casco de escuna é só perdas e danos.
Apesar de tudo, um cardo amanheceu
e ataca as valises de Nova Iorque. Talvez
seja um bom dia, os mortos apontam o dedo.
O martelo somou-se à tempestade.

Sou o escafandrista que viu no escombro
a flor alaranjada de um farol.
Elucidei a ilusão do trópico: aqui
é o lugar para se dar um passo a mais
e dançar alheio à música.
Não faz sentido percorrer a orla
onde a palmeira não se movimenta.
Quem é feliz engessado? Deveríamos ser
o gêiser que explode o domingo.
É hora de saber com quem contamos
e se é possível agir.
Tudo é embarque. As rêmoras arranham

os carros. Um corpo se desenrola
sob a marquise, alguém desliza
na pista, sua cabeça é uma coroa solar.

Arena

O pulso nas cordas diz muito do que a vida
nos deu e tirou.

Ouve-se os metais tal é a alegria pela inalação
do calor.

O boxeador tem o queixo de vidro mas não
se rendeu aos favores.

Um par de luvas roído ainda contra-ataca,
o sol adverte.

✳

É preciso deter a máquina. Alguns preferem
ser o seu motor.

O boxeador abriu o supercílio dela e não foi
o suficiente para o nocaute.

Ela sacudiu a cabeça e atordoada sorriu.
Aplaudiram sua audácia.

A máquina não dorme no ponto, adverte a
estrela da manhã.

✳

Nada mais triste, lamentam os metais no
fundo do corredor.

O boxeador não pode depender das cordas
para se levantar.

Dia e noite a máquina treina para golpear.

O *pugilista*

Bater contra o muro
acelerando
fere menos do que ser
entre os homens.

Contra a derrota
do sonho revoltar-se.
Nada é tão frágil
enquanto pulsa.

Ser atingido no tórax
e supercílio.
Nada pior, pela manhã,
que um telefone —

as mãos em concha
contra os ouvidos, toda
força e horror
contra o indefeso.

Bater-se contra a vitória
dos homens
sobre a flora.
Bater-se, bater-se

contra o despejo.
Contra o negócio
e a doença, menos contra
si mesmo.

Fender-se no mar
às cegas.
Gravar em linha azul
os cálculos

do homem diáfano.
Não combater,
mas deixar
o poder em chamas.

Abrir além da cúpula
outro cômodo.
Não
mais o pugilato

entre as cordas.
— O céu está morto.
O tirocínio
salva o coração, contudo.

Ananse

Um ponto se resolve em si mesmo.

Perde a nervura se fixado na página
ou paisagem.

Nomeá-lo alucina seu dínamo.

✴

Insuflado por nossa ânsia se limita
às heranças.

A frase é sua dissecação.

Nenhum grão cresce sob nossa
lupa,

reduzimos a zero o giro do móbile.

✴

Não é por acaso que
                    o mundo flui
dentro do ponto

desanuviado de nós ele não pesa
não se impõe.

*

A um passo de si o ponto explode
sem ônus

para o cosmo, entregue sem rancor
ao vazio.

Assim permanece, sem uma foto
ou motivo.

Um
antídoto contra a língua dos homens.

Sycorax

Disseram que me perdi pelo peixe escarlate. Não
veem o mal, ouviriam uma nereida?

Os gângsteres não valem meio Ulisses indo para
o pântano.

Aqueles que vão de *limousine* deveriam chorar e
não exibir os dentes.

Reduzidos à pior espécie não me interesso por
transformá-los em porcos.

Os caranguejos cuidam de Ulisses em sua descida
e o libertam do sextante.

Estou velando a pedra para redimir a língua, esse
legado perigoso.

Usem-na para o beijo, não para o acordo de paz.

✳

Quando desisti dos ancestrais, um pássaro veio
até mim dizendo

"Você discou errado". Um lance ao acaso traria
essa visita, pensei.

Daqui eles não nos ouvem, não os sentimos na
montanha.

O último que vi na esquina era uma bicicleta
enferrujada.

"Você discou errado", insistiu o pássaro e ao
seu redor uma nuvem

foi se formando até cobrir, por meu desejo,
os retratos.

No dia em que desisti, tive cabeça para ser a
minha cabeça.

Nunca quis discar para o sarau dos mortos.

✳

Não espero dignidade dos herdeiros dos navios
Esperança e *Fleur*

du Brésil: não souberam respeitar a morte, não
saberão

do mundo novo à flor do meu raciocínio.

Depois das cartas náuticas, duvidar de outras
cartas é meu ofício

além, é claro, de entender como linguagem as
erupções na ilha.

Dizem que me perdi lendo até altas horas os
livros de viagem.

Não veem uma autoestrada no rastro do peixe
escarlate, ouviriam

uma nereida que desfolha a própria fala?

✳

Apesar do caos eu preparo a canção que me
reconheça.

Tendo sido ímã entre os poros dilacerados,
não descansarei

enquanto sorrirem no enterro de Ulisses — em
casa escolho

o número para discar aos ancestrais e decidir
com eles

um plano de redenção. Me sinto bem sendo
o abalo

sísmico — esse confronto de uma letra após
a outra,

essa voragem, o "esse" a mais em cada ideia
ou fruto.

Ruína Resort

I
A curva
da enseada não faz um berço — mas

é nela
que os dias começam calmos.

A voz de uma onda depois da outra
não faz o mar,

mas em mim
o estrago de um ferrão de mergulho.

II
Fragatas litigam na areia, nada parecido à muda
altercação da restinga.

Ninguém salva no mar o que seremos:
uma prancha?
um caranguejo-hamlet?

Alguns chegarão a fósseis, supõe a duna escura.

Nenhum de nós,
os que temos os ossos moles.

III
O vendedor de ostras é um argonauta aposentado,
guarda do mar as línguas que aprendeu.

Faz pouco vendeu uma porção
numa bandeja de plástico.
Não está feliz pois sabe que alguns dos seus
foram vendidos.

Em outra literatura, ostras homens — irmãos —
batem-se contra os tritões
e fumam pelos pulmões de uma baleia.

Quem dará vivas se é que ainda há uma odisseia?

IV
No Onélia Beach Bar, cercado de cactos,
Tirésias nascido em Cataguases,
Minas Gerais,
faz da mídia sua mina:

"O mar aqui é familiar, duas cadeiras na areia
te levam até Marte".

A orla é uma forca
para Tirésias e os trabalhadores de estação.
A orla só é morna
para os músculos lerdos da manhã.

V
Ártemis tem uma dúzia de chapéus para vender.
Ao fim do dia, quando a gordura das nuvens
tiver se dissolvido,
medirá palmo a palmo seu pensamento. Porém,
quem se dá conta
do peso que o sol faz em seus ombros?

VI

Não faz muito, Circe trançou os cabelos —
um longo trabalho
como ir à compra do material escolar
para os filhos.

Seria uma dor de cabeça morrer de absinto
não fosse Quíron,
seu médico sublunar.

VII

Os tritões e as serpentes marinhas cromados
flutuam na baía — não engolem heróis.
Levam crianças ao delírio
enquanto os pais escolhem os débitos a esquecer.
Azul rosa verde — a pele durável
do sonho *aspetta* sob mil idiomas.

VIII

Zeus vende polvo, siri & outras belezas
      do nascer
        ao pôr do sol.

O que vai em sua cabeça (sua marmita
      seu rito)
       não se decifra.

É *dolce* amargo o fruto do mar — Zeus

adoece sob os gritos mais altos do que os seus.

IX

O caramujo ensurdeceu ouvindo
os que nada viam.
Indo a contragosto pela regra
da empresa
se desfez
e nem havia sal em muitas palavras.

O caramujo dormiu na reunião
de trabalho.
E, névoa amiga, nada perdeu
perdendo-se da pauta.

X

A fabricação de fósseis não é tarefa fácil,
que o diga
Ozeias, vendedor de empadas.

Antes da largada para os maratonistas,
vozes correm
pelo microfone — fibras
retesadas
esperam para encurtarem quilômetros
e alongarem a vida, quem sabe.

Ozeias lateja ao sol e se esquiva do inseto
rinoceronte.
Tudo corre para a imobilidade.

Talvez permaneça a sombra da palmeira
que Homero, um dia,
regará às cegas.

Estamparia

No canto escuro
da fábrica
os quadros vão e vêm
sobre a seda.

Luz em excesso
altera os pigmentos.
Entre a paisagem
no pano e a tua

(que nome
terá o filho chegando?
outra
vez é maio,

a tuberculose vencida
tosse)
o verde-musgo
se renova.

Teus pulmões
sopram
um *blackbird* operário.
O monge

que estampaste
saiu a esmo
pela cidade: era noite
quando se

cruzaram — rostos
nus
sob os naipes
de uma orquestra.

Os dois se evolaram
além
da hora extra.
Se os escuto à beira

do abismo
é porque ainda caem.
Caem
de algum cometa.

Assemblage

Essa ausência existe pelo ritmo
daquela tarde — estávamos
alheios à vida.
No quarto ouvia-se a vitrola
de um vizinho: Elizeth Cardoso
quebrava ondas numa praia
anterior ao Rio de Janeiro
(de
onde vinham?
breves
longas
livres da intempérie
como todos — era domingo).
Nós que incendiamos fábricas
e contratos
temos direito ao que vale
uma tarde em sua falta.
Se me dissessem: "a certa altura
tudo para"
eu ficaria no instante em que ela,
mão entre os cabelos,
abriu uma gaveta da penteadeira.
Ela,
talvez o mar lá fora esperando
por nós,
inundou o mundo —
polvos
flores num vestido

e guelras
inocularam em mim
outra voz soando fora do disco.

Máscaras

Dez anos depois retorno
à Senhora Tadesse.
O que apalpei no primeiro
contato me estranha.
Menos luz, mais sombra,
já não conheço o continente
que me trouxe à sua porta.

Retratos se apartam
movidos por outro coração.
Retiro o filtro da linguagem
para uma tarde óbvia
: não há regresso,
não houve um cão
que nos suportasse.

Entre ontem e hoje não
corremos a ponto
de acelerar a rotação da terra.
Dez anos, dez ilhas
nos calcanhares —
uma coleção de rubis
não disseram nada.

Ou sim — nos legaram essa
amizade com arestas.
Menos sombra, mais luz
na sala da Senhora Tadesse.
Não estranho a intimidade

entre aqueles
que pouco se frequentaram.

Desde quando vigora esse
acordo? As cartas de amor zulu
e o curativo de Aquiles
nos levam ao fundo
de um rio sem cicatrizes.
Em casa da Senhora Tadesse
sem linha se costura.

Ao ar livre

A Leonardo Fróes

Nós que pensamos apenas com nossas cabeças
erramos
por uma paisagem-magma.
Lendo o haitiano Jean-Claude Charles salta à vista
a *monstera*
que nos acutila:
"A carcaça de sua civilização nem explode
como a das baleias.
O que fazem dos seus dias?".
Nós que batemos cabeça com os morcegos
erramos
ao acreditar que somos o início da linguagem.

✳

Anos atrás fui Pedro Oscar, protegido
por uma ideia fixa.
Cortei ramas até esgotar esse método.
Ao me sentir iguana, me perguntei
se haveria outra lógica para meus braços.
Na dúvida, me estirei no capim alto
cavando rotas fora de mim.
Em nossa gramática falta a da aranha,
soube quando fui pedra de amolar.
Haverá gênese se as línguas não humanas
forem traduzidas.

❋

Línguas que não dependem do livro de horas
se alastram além da iluminura, estalam
sob a rede,
descem ao lago, infestam.
Presos às cordas, enviamos recados ao inimigo
que somos.
Sairíamos do centro do mundo
se o oxigênio circulasse em nossa cabeça.
Vamos cair,
não há teto que nos proteja, exceto o da escola
onde não há paredes.

❋

Estou Dagmar Wolff suspensa
entre a folhagem — a manhã que ontem
me tornou mais velha
se renova.
Desde a chegada da chuva,
a violência
engravida tudo à sua volta.
Subindo a serra,
deslizando no talude
seu relógio adianta os favos.
Perdi o sono
com a gasolina que vazou do jipe
e os indícios de fogo na estação seca
(meu amigo etíope em Hamburgo
se desespera quando
lhe escrevo sobre a queima de livros,

aqui perto).
Pensar de cabeça para baixo
não é uma regra
mas sem esse gesto
como ver a planta dos pés dos bichos
e a origem da flora?
Eu Dagmar Wolff entro pela floresta
que me pensa.

O rio e as coisas

O grande rio sulcando a pele
escurece na margem.
O que transporta não é carta
e comunica intempéries.
Indagamos à sombra
— o trabalho
da mão termina ou é sempre
um anúncio de viagem?

O que arruinamos (seres
sem fôlego, exilados da casca)
é um pensar farto
para quem fala com seu rio.
Não se desdenha do retrato
na parede: vertido para dentro,
quem ele é, canta
outra língua — não essa
de caros dígitos que nos cercam.

Não se vê camisa no retratado
nem o céu dos homens ricos.
Não é preciso.
Sua mão incandesce a linha.
O que tece, tecido
se perde e outra vez recomeça.
Os sulcos não contam (largos
profundos), mas o rio sob eles.

✳

Para a mãe do corpo o eixo
lunar
tem a limpidez da lâmina fora
de serviço
contida deslizando
entre as fímbrias.
Tudo é claro nas folhas onde
o corte escreve um nome.

Os líquens no fundo-rembrandt
que protege o fruto dizem:
agora é tarde.
Ou cedo, a depender
da sede que alimenta os cabelos.
De onde vem a fibra materna?
aqui está — friso
familiar,
paz sob o magma
que a um lance do braço, chamado
pela raiva,
arde acima das árvores.

Na passagem do rio sabe-se,
a fonte é vária, o torso líquido
sobre os objetos.
O suor é a manta da memória.
Tudo isso
se enerva entre o gesto nenhum
e o abraço
como se não estivesse atado
o fruto que engravida a si mesmo.

Argumento da flora

Não se traça divisa
sem invadir terras antes.

Não se dá corda ao sangue
sem cortar a própria vida.

Não se doura cruz no alto
sem cortar cabeças.

Não se extrai ouro
sem calar quem respira.

Não se tem a flor aérea
sem matar raiz e talo.

Não se gera nova indústria
sem o rio martirizado.

Não se engorda as cifras
sem o exílio da nuvem.

Não se alveja uma cidade
sem Estado que a municie.

Não se diz futuro se
mal se desmonta o passado.

✳

O capital assenta o escritor
ante uma pilha de livros.

O escritor ensina a rebeldia
mas, encarcerado, assina.

Rabisca para os leitores
segundo o índice de vendas.

Não lê a assinatura, ninguém
sabe do escritor resignado.

Assina, outra vez assina o livro
sem reconhecer seu estilo,

sem medir a altura do drama
em que se confina: assina

a pilha multiplicada em
livros extraídos de outra mina.

Apronta, gira a ponta
de sua máquina, molda ao redor

de si
uma fila imaginária, rejeita

a falha
que tornaria seu livro legível.

O escritor prolonga as horas,
assina cansado onde

assinaram sem que ele soubera
: ele é um outro

pino descartável da engrenagem.
A lua fora e a Ursa Maior

não afetam seus olhos.
Mudo sobre a pilha, aumenta

o lucro se assina — se pensasse
sairia em viagem.

Letra a letra escreve uma carta
testamento: morte à vida

que havia na escrita. A pilha
assinada é um livro?

Pouco importa, o escritor
assina assina aos quatro

ventos — diria algo, se
pudesse, mas o capital o vigia.

✳

Sim ao remorso na arca
e solto entre famílias.

Sim à fratura
no rosto que nos identifica.

Sim ao incômodo
que levamos a tiracolo.

Sim à fadiga
mesmo se não há trabalho.

Sim à clandestina ordem
do desespero.

Sim ao diálogo
que nutre outros desejos.

Sim à obediência surda
prestes a se romper.

Sim ao bem-estar
retido nos álbuns, sim

ao mal-estar
que coroa os domingos.

Sim ao mofo na orla
do entendimento.

Sim, registre-se em livro
que não éramos plenos.

✳

O que nos trouxe a essa hora
senão

uma luta entre signos? Senão
outra

a resolver-se: quando?
O que fizemos no espelho

senão
dizer que aqui fora

assim como feito há tempos
nada é findo

tudo sobe e desce
no labirinto da memória?

O que nos mantém
atentos

senão
a derrota da estátua

mais violenta da história?
Senão

a promessa em língua
secreta

cravada na sombra, sim,
à espera da hora.

Cobiana Djazz

O país é uma caixa de som
à beira do caos.

Explode por dentro, alguém
prende esse quadro

à parede.

No primeiro salário não vi
razão para fotos.

O que recebi valeu
um mocassim

certificado pela vertigem,

mas não pagou as perdas
na oficina colapso.

Não quero dez horas
à máquina costurando

o tecido e o sonho, entendem?

O país é uma fábrica à beira
do desmanche.

Fere para dentro — a si
mesmo se fere

com a espora.

O que não confesso
sob abordagem

é vário: move a carapaça
na areia, grifa

o oceano — o país

se alarma ao ver
a ruga em nossa testa.

Pensamos na hora
extrema

que amadurece.

O país é um salto perdido
na plataforma

se não dança sua música.

Trópicos

A Suzanne Césaire

I. CONVITE
chegamos tarde aos escritos
que apontavam a raiz calcinada.
era um encontro
fora do mapa, não sabíamos.

o que nos trouxe até a floresta
não foi o sonho, mas
a realidade. onde víamos
o sexo, havia o felino-rei
às voltas com um código exato.

a paisagem camuflou
o homem-planta (quem pensaria
numa árvore para matrimônio?).

não descemos da palavra,
tínhamos a ordem do mérito
e o caminho sem volta.

outro delta, fora de nós, girando
acima e abaixo anunciou
que não chegamos ao paraíso,
mas ao limite de nossa tese.

II. ÍMÃ
nós que já não levamos a herança

como um peso
nem os punhos de renda
por gratidão
lemos o caderno de notas do viajante
M&S
(ficção): a mãe edênica saiu em férias.

— órfãs
na ilha, não cabemos na república.

o *enjambement* se perdeu no fluxo
das lianas
o fungo expulso pela norma diz a selva
diz
o cálice
onde funciona um velho hotel.

a fruta ácida se decidiu — dissidente.

nós que já não levamos a herança
temos a beleza
aplicada sobre os resíduos, sobre
a fenda
por onde o mar saúda os pescadores
sobre
o corpo gerido por leis indigentes.

a beleza
salta garras em riste sobre os turistas.

  a cigarra não canta no braço
  do argonauta

que sonha
à mercê das promessas na areia.

há uma guerra — além da outra
travada com mísseis.

há mais interesses em jogo
do que rios pequenos
no grande rio

o argonauta ainda saberia de si
se despertasse?

o que a cigarra cantaria depois
de fugir da tatuagem?

ouço a queixa do algodão no vestido
a revolta do açúcar
no bar da esquina
o levante
de quem não descansou sob o arvoredo.

— o que faremos com o *corpus christi*
e a tábua
de classificação dos crocodilos?

nós que escrevemos fora das letras
de câmbio
viemos
às portas da cidade floresta

— órfãs do pai
colonial finalmente caímos do céu.

III. CAMUFLAGEM
estou nas lianas como um sol
na iluminura

como a falha
divina no programa de rádio

como um deputado não está
(e deveria) nas ruas.

viúva de mim, interrogo
o meu tempo

(diante do que vemos
a ruína de ontem

é uma cidade completa).

✳

o que tem sido feito do arco
do triunfo

e de outras imitações da flora?
do ramo

de ouro reduzido a etiquetas
em corpos

que morrem mais de uma
vez?

o que se faz com um renque
de lagartas

no museu dos direitos
humanos?

o que tem sido feito além
de chamar

as forças da ordem? por que
uma colmeia

não tem direito a uma quadra
no condomínio?

quando liana tenho certeza
de que nos amam

e não vêm ao nosso encontro.

no entanto, a floresta reage
lucidez total

em meio à cinza — quem lê os
manifestos

no papel e também nas feras
fala comigo. ainda

temos olhos que se movem
em duas direções

ao mesmo tempo.
não somos filhos de, porém

missiva
dada a ler a quem não mata.

se há um rio submerso
falamos com ele e suas rotas

na cidade.
quando liana não tive certeza

mas
interesse

em pensar um pensamento
que não se devora.

Diquixi, ateliê Artur Timóteo da Costa

I
Não há razão para desesperar
quando
se é o desespero.

Alguém deveria dizer isso
e o que se vê
são dias e noites fechando o cerco.

Na reunião de uma sociedade
pseudocientífica
      tua cabeça
foi cortada com o peso da mão
sobre um mapa.

O que vai em teu labirinto?

Raspam com a retórica o sexo
de tua cabeça.
           PAÍS-INAPTO
teriam expertise para imaginar
o que imaginas?

Não há razão para calcular quem é digno
quando
se
é.

No TÚMULO-PAÍS quem mais
assassina
se diz completo

tem insígnia — alto o pescoço, os bolsos
largos
e alguns artistas em sua coleção
de esqueletos.

Não há razão quando o desespero
é o rito
diário
o pão
e a cepa de um desastre.

Quantos são párias no PAÍS-TEMPESTADE?
Todos
e nenhum de nós.

II
Há quem perca a concentração
na praia
translúcida,

quem se perca fazendo
a travessia
do mar.

Quem há de merecer uma bússola
interna,

um sextante
com a seta apontada para a sorte?

No PAÍS-DOS-MORTOS abrem processo
contra um grafite
cabeça de

elefante subindo os prédios.

Quem é quem para lhes dizer:
"a cabeça
é um barco
a vapor".

Há quem perca o solstício
na praia,

quem desenhe a linha vermelha,
um tardio
metrô.

III
Certa cabeça é um voleio.
A mesma

que rola
é uma cabeça em transe.

Apesar do insulto, da parede
de vidro,

do alarme na porta do PAÍS-
-COLAPSO

há um diquixi que pensa
outra didática.

Diminua-se o lucro e se aposte
nos cabeças.
Leia-se
"alguém não dorme,

apesar do toque
de recolher".

Certa cabeça não vai ao baile,
mas sente

que o
carpe diem é virar a mesa.

IV
Pensem nos ases
que assombraram o museu de belas
artes.

Não eram isso-nem-aquilo, não eram
frutos
do PAÍS-MELANCOLIA.

Fluíam dele — fugiam insolentes
dos bons
costumes.

Pensem no coração, na rota
sobre
Atenas.

Se puderem, pensemos
nos cabelos
— dizem que enervam
o córtex

seu dia calcula, a noite talvez.

Não dizem, mas sabem: as cabeças
sobem do cais
ao teto
do país,

debelam salmos, estão em festa
(o que é uma ofensa
para quem se arma — e não
pensa).

v
Não há razão para um desesperado
lustrar estátuas
ou
quem sabe?

há

uma estratégia para sentir
a mão
que dispara

e o cérebro de quem
saqueia os continentes.

Por isso lustrar estátuas, tirar
sua capa,

invadir os sulcos, sacar
desse túmulo
o preço de quem celebrou
o fim
de alguma decência.

Um desesperado tem razões
que o mercado
não considera (ainda bem —
ainda bem

: quem erra à espera de um canto
sabe ouvir
o baque
de uma estátua no pátio).

Ainda bem, um desesperado
deserda
o PAÍS-A-PRAZO.

VI
Nascemos para a morte, não
para sermos mortos

afirma a medusa
avessa ao livro
bomba que não explode.

Cabeça *insight*
que incendeia o navio
no balneário.

Onde estão suas irmãs?

Na *calle* principal,
sob a pedra,

na cúpula de ferro, ao norte
entre os seixos?

Em que idioma
traduzir
a cabeça

contrária
ao horror para consumo?

Sua febre
ventila
o pulmão sequestrado,

        o sexo
que a renova
abre janelas de absinto.

Se a cabeça se decifra
o impossível
é não viver.

VII
Pólen
primeira letra a leste do sol.

A oeste
um tubérculo amargo.

Ao sul
a primeira fresta no muro.

Ao norte
uma convulsão secreta.

Como se vê, quatro cabeças
mudam
as coordenadas,
jogam o cárcere às traças.

São cabeças — se me entendem,
apesar
das sentenças.

Pensem nas cabeças
dentro daquela
que rói
a única refeição
do dia.

Se interessem por essa e aquela
colada
nos jornais.

Como se vê, essas cabeças
não têm vista
para o mar,

estão presas à crista
do relógio.

 Não se sabe o que bordam
sob a camuflagem.

VIII
Se houvesse um paraíso
não falaria pela saliva
alheia.

Ninguém lhes disse que estão
enganados — e isso
não
tem a ver conosco,

mas com suas costas
blindadas
a dinheiro e óleo.

A redenção que oferecem
à selva
não tem a ver com o sopro
e a bomba

de néon no asfalto — há outro
ritmo

(percebem?) — o hino
do sacrifício

silenciou: SOMOS O GRAU ZERO
que muda o erro
em forja,

a paz vendida em pesadelo.

É preciso dizer-lhes que não
não somos deles,
não assumimos sua ruína.

Quem foi atirado
ao fosso
sobreviveu de seus ofícios.

É preciso que saibam, estão
enganados
: essa nuvem sobre a casa
não é de chuva,

ainda não é o que seremos.

IX
Uma cabeça sozinha
não faz verão.

Um cabeça equivocado
nos desespera.

Cabeças com água
pelo pescoço decidem

hoje o que decidiriam
amanhã.

Cabeça filho de cabeça
nem sempre

é um campo de flores
(há desvios e traições

na rota
entre a vida e a arte).

O aposto de cabeça
seria

um corpo docente
indócil?

Uma cabeça sozinha
— verão —

perde
os dedos e os anéis,

desiste dos passeios
na ilha

para ser
o ponto de ignição.

X

Se a cabeça está fora do lugar
não se asfixia,
diz o escorpião no círculo.

Um diquixi compreende
sua cabeça
quando não a tem.

Um falso jogador, uma senhora
de si —
a comunidade que não

somos — a rua inteira, o nervo
íntimo
da infância — cada sirene

do corpo — o coração saturado,
o néctar —
tudo que sofre o próprio limite

se enforca, diz o escorpião.
Não o diquixi
que tem a cabeça fora de lugar.

Assemblage

N. 1
Chegamos depois de inclinar o barco para
a margem.

Nos movemos entre as vagas, subimos à
nuvem,

podamos os cabelos quando foi preciso
força nos remos.

Antes do tempo, elevamos a canção dos
apanhadores de algodão.

Vimos o velo de ouro e sua aura presos
na árvore.

Vencido o touro com língua de fogo, desci
o velo — fui

sua boca, ouvido e medo de cair no mar.

De volta a casa, me darão um nome se eu
renascer num canto.

N. 2
Daysi, sentei-me com aqueles que não me
permitem esquecer

e lhes disse enquanto corriam no jardim
das delícias:

não sei quem vos
mandou.

quando a estrela cair,
ninguém
nascerá.

Tirei o colete deles e o que era possível
expor ao sol.

Corpos cheios de si deitaram a paixão
sob o revólver.

Quando a estrela subir, insisti, quem
de nós tocará o sino?

Cortei os laços com aqueles que não me
deixam sorrir, Daysi.

É tempo de interrogar por que dirigem
sem retrovisor

esses que não sabem se estão vivos.

N.3
Na língua que inuma os mortos a luta
para florescerem sem nos tirar
a dureza das formas.

Palavra por palavra o morto do sax
enferruja tuas articulações —
não feres o ar
com uma nota suja.

Palavra por palavra a morta do corpete
rouge gela teu sangue se dizes
que a noite suga
teu coração.

Onde a amizade continuada no além?
O bilhete que liberava aos vivos
o mesmo
ônibus?

Eras assim com eles, eles contigo com
menos haveres e deveres.
Tão fraternos
que renasceriam gêmeos.

E agora? A língua que deixou *rouge* o
sax serve de pá nos enterros.
Cada som
é um carro
com motor envenenado.

Rua H

Não mostres teus remédios
a um desafeto.

Ele dirá "tu me queres bem,
logo estarás morto".

Nunca te mostres ao teu
parceiro.

Ele perguntará "me queres
para valer?".

Não há saída dessa caixa
inferno,

nem entrada, nem centro.
Não é o mundo,

é isso, é assim, é o que ouves
no rádio,

em tua janela, no enterro
de alguém

tirado
à força do carro.

É sempre isso, nada mais
acontece?

Nenhum resto de jardim,
aqui dentro?

Preso do lado de fora,
o que te cabe

é a cantilena de um raio
caindo

caindo por encomenda
na mesma casa?

Não digas aos remédios
o que pensas

sobre um sentimento novo
no bairro.

Nem sonhes que saibam
desse frasco

na bainha de tua calça.
Não pares

não corras não tires a forca
da esquina.

O que não se mostra, vês?
é mais do que o

aviso   SALVE-SE
colado em tua íris.

O que não se mostra
muda,

tira o pai da forca,
te coloca acima do chão,

abre a caixa,
socorre teus dias, não vês?

Oop Bop Sh' Bam

Há um jeito sem dor para compreender algo
que acontece
sem acontecer — vestimos a teia da madrugada
OOP BOP SH' BAM
vestimos, sim,
mesmo que digam "alto".
Nada temos a não ser tudo a perder — OOP BOP SH' BAM
e ficarmos roxos.
Aconteceu ontem, agora, não vês? Um morcego
alisou o cristal — bebemos os barris, não vens?
OOP BOP SH' BAM.
Temos tudo a ganhar e nos perdemos
OOP BOP SH' BAM — ninguém-*niam* quer ser salvo.
Não vês o que vai acontecer? Estão fechando
as ruas da cidade OOP BOP SH' BAM — nada temos
e temos a chave.
Algo acontece mesmo que não pareça, não vês?
Dois de nós
ou dez — recusam aquele emprego
não temos dinheiro
mas nos temos
e um
dedal que desliza nas cordas de metal pensando.
Não sabemos o que fazer e vamos
OOP BOP SH' BAM   apesar da manhã.

Canção

Sei que não há nada depois,
não há.

Tudo é aqui e agora — até
morrer.

Um homem está sozinho,
cada vez mais —

ano a ano há mais lápides
para visitar.

Sei que não há nada depois,
nem agora —

até morrer é um incêndio
sem fogo.

Tudo aqui deveria arder
se um homem

conta mais e mais lápides
com seus amigos.

Sei que não há muito agora,
não há.

Nem uma verbena roxa
no asfalto.

Por sorte um homem não
está sozinho —

seus amigos contam os dias
para visitá-lo.

Berceuse *para Jeanne Duval*

A grande aranha fia o que não basta
para um altar: infância
retrato de família, um peso de papel
— como juntar o que não precisa
da mesma casa? A grande aranha
vai ao mercado, besouros
pagam com a vida a verdura bem paga.

Biógrafa sutil ela pergunta
se Jeanne Duval se angustiou menos
como senhorita Lemaire
ou Prosper.
Para a grande aranha não vale
a pena iluminar o teatro dos homens
tudo tão casto
tão eu — deus — tu nos meus braços.

Quem nasceu sem nome
tem outros em si
                  à frente o incêndio
ao lado
acima
o continente.
Por que se contentar com a fome?
Quem contou consigo
durante a reclusão
e ardeu
com os escaravelhos
           (a grande aranha diz)

não está só
está —
tem pressa de abrir o coração na praça.

Elite Social Clube

a luz crava os dentes, reduz o vazio ao círculo.
chegamos cedo para as cadeiras de veludo.
a luz movendo o zero esfria nossos cabelos,
branco rio que se inicia. viemos alarmados,
serenos, esperamos. a cortina se abre, o fundo
se debruça nos olhos. a luz inox e a mesma
sombra ao seu redor. ninguém respira, a sala
evola-se. vieram, joguem foram os objetos.
subam ao chão, a fonte é breve e sabe durar.
a fonte em traço de estilete (quem ouve
a música?) desintegra o círculo iluminado.

✳

as senhoras do *backing*
vocal descem
da noite vão em família.

o *crooner*
acima do círculo,
um arsenal de sopros.

não se disse mas se disse
que no fundo
o não era sua canção.

atento à guerra, sente
o soco
a contrapelo.

falemos disso, da rival
absurda
voz sobre aquela

quer-se riso fogo
partitura.
— seu método

em primeiro plano.
falemos: quem
não aparece e é tudo?

morre — é a última
febre
quando se aquece.

✳

rua Teodorico Assis: Rosa liga o toca-discos.

o companheiro estaciona o rabo de peixe
ao lado para não tirar o acesso da freguesia.

alguém alertou sobre a cauda triste do carro.

Francisca, cigarro entre os dedos, gerencia
o pesado vestido de seda. Rosa espera o Simca,

seu companheiro. Na rua esperam todos,
sobem o volume, me falta o ar daqueles dias.

Rosa, rosa no espírito. Francisca, o oxigênio.

o Simca chega às cinco, a têmpera do trinco
se destempera. Rosa vem ao passeio — com ela

a voz que anteviu o segredo depois do parto.

o Simca entreabre a janela. Francisca atiça
a vitrola enquanto acelera o carro da miséria.

entre o fumo, Rosa e Francisca se enlaçam.
voltamos ao salão endividados pela música.

✳

o nome da rosa é "nunca ponha sua mão no meu ombro".
até os nossos nos vendem — pergunte-lhes se estão mortos.

dar números ao desespero é fácil, terrível é flutuar no éter.
as senhoras *backing vocal* avisaram, o *crooner* também —
as baterias aqueceram tudo ferve e serve ao *gran finale*.

é o tempo, as paralelas colidiram. a vida em flecha atinge
o *dial* dos cabelos brancos. aumente o som, chame o sim —
tire a alma do sal.

Trompete

O duplo em ti não quer litigar com a aranha
nem padecer diante do espelho
: a selva
não está nele, mas em ti — sabes de que selva
falamos
(tu e ele — não eu tu e ele — não sei descer
até o fundo
e voltar
como fazem
quando lutam em seus piores dias).

Teus irmãos procuram um apartamento
no teu cérebro.
Não o alugas. Eles não desistem,
estão furiosos
e não desistem. Assinarei para eles
como avalista
caso se deparem com um bom quarto e sala
no teu coração.

Sabendo que somos amigos, tua filha me
perguntou
o que fazes dos teus desejos: não confessarei
a ti
ao teu irmão
à tua irmã
— meço meus desejos pelo sopro que impeles
à boca
pelas curvas que acrescentas ao rijo canal
através da noite.

Ao duplo de ti que se recusa a esmagar
escaravelhos
digo que a aventura de ser navegado parece
um abraço vaporoso
calejado
por agulhas.

Não foi isso o que tua filha perguntou, eu sei
— não sei se já não era isso
pairando em *looping* na voz dela.
O duplo em ti se arranha quando sofres
com o trompete
— algo começa e termina
num convés prestes a se revoltar.

Tua filha insiste
sabendo que meu humor alivia tuas noites
e o duplo em ti
manuseia bem a navalha.

Ninguém quer litigar, abres o fundo da caixa
e desces
ao dia
em que estávamos mortos.
O duplo em ti me chama quando retornas.
Ninguém quer padecer
— tua filha nos empurra para um táxi.
Antes do trompete soar
me perguntam
quem está na primeira fila dentro de ti.

Um lance com Léon Damas

quem escreve
contra
si mesmo

distingue
sem hesitar
o que é fraude.

depois do esforço
sua
mão exaure.

percebe à sua volta
a parede

a violação
do lugar
onde se plantara.

dorme insone verga
em direção
ao lago

e o que escreve
não é mesura
— incinera.

*

o colonialismo
em roupa nova, León.

está de pé — estátua
que torna vão

o poema. vivo sob
a frágua,

entrou no mercado,
provocou o luto

entre os choferes.
o que fazer

com o colonialismo,
León,

dessa vez movido
à faca,

calculado
para embaralhar

o jogo a tv o banco
de dados?

＊

a visita que fizemos à caverna
foi uma lição
sobre estalactites
e ecos.
o coração aproveitou para
se despedir
de algum resto de esperança.
me pareceu que os seres
alados ilustram a si mesmos
no vácuo.

＊

o meio-dia é uma rosa
bobinas falham.
trabalhadores entram e saem
do nicho onde
montam as horas.

o sangue draga os cometas.

seus corpos
se misturam à notícia
de outro continente
: névoa e gelo sobre a cidade,
não socorreram
a vítima ao relento.

✳

florações — mortes
te levam à primeira página

: poeta
inaugura a metáfora do ano.

enviarás o atestado de óbito
contra
essa invasão de privacidade.

é tempo de juntar o camaleão
à pantera.

✳

o ombro esquerdo é tua antena,
diz o médico
a Dorva.

sim, ela responde.

um para-raios
na pista.

por ele
um filme
deixa de ser miragem.

o ombro direito, diz o médico,
é tua guerra.

e eu não sabia? Dorva
confere
os cílios

presos
à carenagem do navio.

sua antena oscila entre
o remédio
e a intempérie.

✳

não entraremos na cidade
floresta
com a clava alta
e a trama baixa.

com a lavra estendida
pelo terreno
e falsos registros
de direito.

não entraremos na floresta
urbe dos insetos
negociando
em voz baixa.

sob as árvores
algo se enovela: não
entremos
mortos onde tudo começa.

✴

o caranguejo abandonou
o mangue.

arpoadores estão aptos
para o combate.

o cancro ao rés da areia
pinças atentas

trava sua luta
pela forma.

os homens famintos de si.

não querias abater
a árvore.
diante do filho,
as razões para isso caem.

o filho esquadrinha a foto
desconfia
do ângulo, pensa em ti
desobediente.

apesar da moldura
e do ofício
já não arremetes o aço
contra ti mesmo.

*

para ver as Américas
em surto

instrui o relâmpago.

vistas de viés são névoa,
não mapas.

pelas Américas mortas
nos matamos.

se as Américas trânsfugas
vissem a si

respirariam
sem nos amordaçar.

*

um chapéu
se casa à rua.
divorcia-se
do que é farpa.

aceita a luz
ajustado
a um corpo
e à gravata que usa.

vibra se lhe aflora
um aceno.
vira-se para direção
alguma.

recompõe a figura
dos ossos
que se sabem
colunas.

um chapéu se casa
ao pulso.
um homem ao rés
de si

(o que é raro)
experimenta enquanto
erra
o céu de outra espécie.

Velhos

Esperam que esperemos resignados,
não sentem a seiva

subindo à nossa orquídea.
Ontem trouxeram roupa de baile,

hoje, a cápsula suicida.
O que pretendem? Vemos o grito —

o cadáver na orla. Não sabem quem
somos? O chá aéreo nos captura.

Faz pouco íamos eretos,
nos movia um pomar por dentro.

Não tirei do bolso o objeto intratável,
não alongaste o braço até o Cairo.

Apesar da vida sem passaporte,
viaja quem tem consigo a viagem.

O que pretendem? Temos
razões para incinerar o inverno.

O sol na janela, a infusão tardia
e potente do veneno,

o que era para ser resolvido e adiou-se
— tudo conflagrado nos chama.

Réquiem

A foto não tirada existe em alguma
parte: éramos outros, noite
bárbara, convictos de que os torpes
não venceriam. Ela existe e se
completa com tudo que nos falta.
Nela desapareceram a alça
de mira e o mar contra o navio,
mas se intui a revolta fluindo
em ondas laminares. Não há
moldura, não se vê a cor sépia
esmaecendo. A foto, no entanto,
capta um rumor entre o disco
e a agulha. Nesse intervalo dizer-se
vermelho não é ser vermelho.
Quem tiver cabeça dançará no dia
de pés juntos. Mais que uma hipótese
é a declaração dessa não-foto.
Perde-se a alegria indo à festa,
o que esperar da queima de barcos?
Dizer-se pai mãe filho não é ser
parente, sem ter bancos o lagarto
sustenta um sonho nas ilhas —
o mundo é contrário a si mesmo.
A foto-lapso não diz isso, nem eu que
espero cruzar vivo a linha final —
se há resposta o enigma não existe.
Quem sopra os metais nos salva
das noites brancas — mal

se deita, vendem seu esqueleto.
Na foto, porém, o ritmo incide
ainda que a morte tape os ouvidos.

Notas do autor

[p. 9]

Epígrafe: KAY, Jackie. *O trompete*. Trad. Myriam Campello. Rio de Janeiro: Record, 2002.

[p. 15]

Em "Curta-metragem", Archie é uma reaparição do personagem homônimo do poema "Lá embaixo, onde cresce o algodão" (In: *homeless*. Belo Horizonte: Mazza Edições, 2010, pp. 128-142).

[p. 24]

Em "Lições caribenhas", a metáfora "anjos de gás" foi extraída da canção "Sonho de Ícaro", escrita por Piska e Cláudio Rabello e gravada por Biafra no disco *Existe uma ideia*, em 1984.

[pp. 28, 84]

As expressões "lucidez total", no poema "Céu inferno", e "homem-planta" e "camuflagem", em "Trópicos", se referem aos conceitos de Suzanne Césaire (1915-1966), escritora da Martinica que publicou, dentre outros, os artigos *"Leo Frobenius et le problème des civilisations"* (1941) e *"Le grand camouflage"* (1945).

[p. 31]

"Agitu", no poema "Odisseia", é uma homenagem a Agitu Ideo Gudeta, 42 anos, refugiada etíope, vítima de feminicídio no *Valle dei Mocheni*, região de Trento, Itália, em 29 de dezembro de 2020.

[p. 39]

"Esse rio depois" foi publicado na revista *Cult* online. "Cem anos de Paul Celan, uma homenagem possível". Curadoria de Natália Agra e Thiago Ponce de Moraes, 23 nov. 2020. Disponível em: revistacult.uol.com.br/home/ cem-anos-de-paul-celan-uma-homenagem-possivel/.

[p. 72]

"Ao ar livre" foi publicado pela Editora Corsário-Satã na plaquete digital em homenagem aos oitenta anos do poeta Leonardo Fróes, sob os cuidados de Fabiano Calixto e Natália Agra. São Paulo, 17 de fevereiro de 2021.

[p. 82]

"Cobiana Djazz" é uma homenagem à lendária banda criada em 1970 pelo poeta e músico José Carlos Schwarz, nascido em 6 de dezembro de 1949, na Guiné-Bissau, e falecido em 27 de maio de 1977, em Havana, Cuba.

[p. 90]

"Diquixi: ateliê Artur Timóteo da Costa" foi editado em plaquete do Círculo de poemas (Luna Parque/Fósforo), a partir da fotografia "Estudo de cabeças", de Artur Timóteo da Costa (1882-1922).

[p. 108]

Em "Oop Bop Sh' Bam" reaparecem os niam-niams, antropófagos, do poema "Lá embaixo, onde cresce o algodão" (In: *homeless*. Belo Horizonte: Mazza Edições, 2010).

POSFÁCIO

Nos rastros da palavra-mundo de Edimilson de Almeida Pereira

Michel Mingote Ferreira de Ázara

> *Eu chamo de Caos-mundo o choque atual de tantas culturas que se chamejam, se repelem, desaparecem, subsistem ainda, adormecem ou se transformam, lentamente ou numa velocidade fulminante: estes estilhaços, estas explosões das quais nós não começamos a apreender nem o princípio nem a economia, e das quais nós não podemos prever a reação em fúria. O todo-Mundo, que é totalizante, não é (para nós) total.*
>
> Édouard Glissant

O poeta e escritor caribenho Édouard Glissant afirma que todos nós entramos em uma nova região do mundo, aquela que "designa estes lugares sobre todas as extensões dadas e imaginadas, e das quais somente alguns puderam prever, de longe, as errâncias e as obscuridades".* Ao contrapor o pensamento da mundialidade — poética ativa que permite as trocas, o devir-outro, a relação, a abertura à diversidade — ao da mundialização, inverso negativo da mundialidade, Glissant faz irromper no cerne do pensamento caribenho a noção de caos-mundo, processo inelutável que subsome o *Todo-o-mundo*, realidade processiva que por sua vez engloba a crioulização.

Os poemas de Edimilson de Almeida Pereira reunidos para esta edição da coleção *Círculo de poemas* nos parece, em consonância com o pensamento de Édouard Glissant, se configurarem no rastro de um pensamento-mundo, pensamento do tremor, que "nos une na absoluta diversidade, em um turbilhão de encontros".** O imaginário do *Todo-o-mundo* diz respeito a um "mundo em que os seres humanos, e os animais e as paisagens, e as culturas e as espiritualidades, se contaminam mutuamente".***

Essa realidade processiva que inclui no seu bojo, em rotação e contaminação mútua, diversas imagens da filopoética**** glissantiana como a crioulização — a mestiçagem que produz o inesperado —, o pensamento do arquipélago, o pensamento do tremor, a relação, a diversidade, etc., nos parece ser um referencial axial para a

---

* "Désigne ses lieux sur toutes les étendues données et imaginables, et dont seuls quelques-uns avaient pu prévoir au loin les errances et les obscurités", trad. do autor. GLISSANT, Édouard. *Une nouvelle région du monde: esthétique I*. Paris: Gallimard, 2006, p. 21.

** GLISSANT, Édouard. *O pensamento do tremor*. Juiz de Fora: Editora UFJF, 2014, p. 40.

*** Id., Ibid., p. 140.

**** NORVAT, Manuel. *Le chant du divers. Introduction à la philopoétique d'Édouard Glissant*. Paris: L'Harmattan, 2015.

leitura da poética de Edimilson de Almeida Pereira. Tais poemas, em diálogo aberto e rizomático com diversas manifestações artístico-culturais modernas e do presente, ao transitarem entre várias referências, de Sycorax a Exu e a Wifredo Lam, de Jean-Claude Charles à Nereida, perscrutam a multiplicidade dessa nova região do mundo anunciada pelo pensamento do tremor glissantiano.

Em "Na Ópera de Wifredo Lam", poema que abre a presente coletânea, a pintura de Wifredo Lam é o ponto propulsor da linguagem do poeta que se espraia em direção ao pensamento-mundo. Evocar as telas do pintor é fazer os signos transladarem pelo universo da Amefricanidade, categoria político-cultural forjada por Lélia Gonzalez* para pensar de outra maneira a realidade negra, indígena e híbrida do território Americano como um todo. Nesse processo, o perspectivismo ameríndio, formulado por Viveiros de Castro** em sua abertura a outras epistemologias e cosmovisões, também poderia ser evocado: "A alegria jaguar/ nos captura".

O pintor cubano, nas palavras de Anne Tronche, dá forma a uma "morfologia totêmica do invisível", uma vez que ele não se coloca diante da paisagem cubana como um pintor diante do seu motivo, mas faz surgir os tremores vegetais, minerais e carnais, "até que nasça uma sorte de canto, ou melhor de cadência exprimindo as relações secretas da natureza e do humano. O mundo exterior se tornou, para o pintor, a manifestação de uma

---

* GONZALEZ, Lélia. "A categoria político-cultural de amefricanidade". In: *Tempo Brasileiro*. Rio de Janeiro, n. 92/93, jan/jun, 1988, pp. 69-82.

** VIVEIROS DE CASTRO, Eduardo. "Os pronomes cosmológicos e o perspectivismo ameríndio". In: *Mana*, v. 2 n. 2, Rio de Janeiro, 1996, pp. 115-144.

outra realidade, portadora de uma significação plural".*
Entrar na ópera de Lam, nesse sentido, se aproximar desse universo pictórico, significa captar os timbres, os traços, os ritmos e vibrações de uma poética aberta aos tremores do mundo:

Há um nervo tenso
sob o signo.
Com ele se vela
o ciclo lunar.

Adentrar "Na Ópera de Wifredo de Lam" é também penetrar no reino do devir, da zona de contaminações mútuas e curtos-circuitos entre reinos, em que o poeta é aquele que traça uma "linha de feitiçaria que foge ao sistema dominante",** desvelando os devires outros da linguagem:

Em sua língua
— quimera —
nascem cones
do deserto.

---

* "Lam ne se situe pas devant le paysage cubain comme un peintre devant son motif, il en fait surgir des frémissements végétaux, minéraux et charnels, jusqu'á ce que naisse une sorte chant, ou plutôt de cadence exprimant les relations secrètes de la nature et de l'humain. Le monde extérieur est devenu, pour le peintre, la manifestation d'une autre réalité, porteuse d'une signification plurielle", trad. do autor. TRONCHE, Annie. "Une morphologie totémique de l'invisible". In: CHAVANNE, Blandine; DAVID, Catherine; TRONCHE, Anne (Org.). *Wifredo Lam: voyages entre Caraïbes et avant-gardes*. Catálogo. Musée des beaux-arts Nantes. Lyon: Fage editions, 2010.

** DELEUZE, Gilles. *Crítica e clínica*. São Paulo: Editora 34, 1997, p. 12.

Como bem salientou Silvina Rodrigues Lopes, uma das potências do fazer poético residiria na compreensão do imaginário não enquanto um repositório de imagens epocais das quais o poeta se serviria para tecer a sua linguagem e elaborar o poema, mas enquanto algo de outra ordem, que não excluiria do seu bojo as forças disruptivas, desorientadoras, que conformam o imaginário humano [e não-humano]. Nesse sentido, o poeta "nasce no poema que é o seu nascer e o do mundo":*

> Nós que batemos cabeça com os morcegos
> erramos
> ao acreditar que somos o início da linguagem.

Aqui, nesta coletânea, "tudo é um embarque", como nos diz Edimilson. Tal como a imagem do gêiser, nascente termal que entra em erupção de tempos em tempos, evocada no poema "Nas docas", "Deveríamos ser o gêiser que explode o domingo", no processo de formação dos poemas, o que ocorre é uma espécie de digênese, o "encontro de várias séries de constituintes heterogêneos uns aos outros, mas cuja síntese produz o inesperado",** que Glissant detectara na pintura de Wifredo Lam. Ou ainda, um processo semelhante àquele detectado por Maurício Vasconcelos na poética de Herberto Helder, em que as imagens se dariam através de um "andamento genealógico, que os poemas explicitam através do chamado às fontes da nomeação, aos polos geradores de

---

* LOPES, Silvina Rodrigues. "Poesia: uma decisão". In: *Aletria: Revista de Estudos de Literatura*, v. 10/11, 2003/2004, p. 75.

** GLISSANT, 2014, op. cit., p. 171.

palavra e imagem, onde se dá o nascimento das coisas oferecidas em aberto à linguagem".*

Assim como o pintor que, nas palavras de Deleuze, "passa por uma catástrofe, ou por um incêndio, e deixa sobre a tela o traço dessa passagem, como do salto que o conduz do caos à composição",** na poesia de Edimilson de Almeida Pereira, o mergulho no caos-mundo imprevisível da multiplicidade e da diversidade, e a ancoragem neste lodo primordial onde se dá o nascimento das imagens e das palavras, se subsomem à germinação de novos modos de fabulação e criação através do imaginário do *Todo-o-mundo*, onde "Tudo é matemática/ no caos" e que é, antes de mais nada, "nosso universo e, ao mesmo tempo, a visão que temos dele. A totalidade-mundo na sua diversidade física e nas representações que ela nos inspira [...]".***

Estás no refúgio
onde embarcam
as ideias:

sei quem és
em tua forma
íngreme.

---

* VASCONCELOS, Maurício. *Espiral terra: poéticas contemporâneas de língua portuguesa.* São Paulo: Annablume, 2013, p. 10.

** DELEUZE, Gilles; GUATTARI, Felix. *O que é a filosofia?* Trad. Bento Prado Júnior e Alberto Alonso Munõz. São Paulo: Editora 34, 2004.

*** "Notre univers tel qu'il change et perdure en échangeant et, en même temps, la «vision» que nous en avons. La totalité-monde dans sa diversité physique et dans les représentations qu'elle nous inspire [...]". Trad. do autor. GLISSANT, Édouard. *Traité du Tout-Monde.* Paris: Gallimard, 1997.

Os diálogos transnacionais, transculturais e interartísticos propostos por Edimilson de Almeida Pereira configuram sua poética na esteira do que Achille Mbembe nomeara de estética afropolitana, "uma estilística, uma estética e uma certa poética do mundo",* em que o prefixo afro não remeteria a uma origem fixa, mas sim a um ponto de inflexão, de difração, de contaminação rizomática transnacional e cosmopolita.

Dessa forma, se o filósofo camaronês reivindica um pensamento-mundo, "que é forçosamente um pensamento da travessia e não um pensamento pós-colonial. Só um pensamento da travessia é que se pode alimentar nos arquivos do mundo",** da mesma maneira podemos dizer que os poemas de Edimilson de Almeida Pereira e sua palavra-mundo, tecedores de "lugares comuns", "o lugar em que pensamentos do mundo encontram pensamentos do mundo"*** trazem no seu bojo questões estético-político-culturais e antropológicas cruciais para a arte/pensamento de agora.

---

* MBEMBE, Achille. "Afropolitanismo". Trad. Cleber Daniel Lambert da Silva. In: *Áskesis: Revista des discentes do Programa de Pós-Graduação em Sociologia da UFSCar*, São Carlos, v. 4, n. 2, p. 68-71, jul./dez. 2015.

** Id., 2018, s/p. "África é a última fronteira do capitalismo", entrevista a Achile Mbembe, por Antônio Guerreiro, Buala, Cara a Cara, 19 dez. 2018.

*** GLISSANT, ibid., 2014, pp. 30-1.

Copyright © 2023 Edimilson de Almeida Pereira

Todos os direitos reservados. Nenhuma parte desta obra pode ser reproduzida, arquivada ou transmitida de nenhuma forma ou por nenhum meio sem a permissão expressa e por escrito da Editora Fósforo e da Luna Parque Edições.

EDITORA CONVIDADA Bruna Beber
EQUIPE DE PRODUÇÃO
Ana Luiza Greco, Fernanda Diamant, Julia Monteiro, Leonardo Gandolfi, Mariana Correia Santos, Marília Garcia, Rita Mattar, Zilmara Pimentel
REVISÃO Gabriela Rocha
PROJETO GRÁFICO Alles Blau
EDITORAÇÃO ELETRÔNICA Página Viva

A marca FSC® é a garantia de que a madeira utilizada na fabricação do papel deste livro provém de florestas gerenciadas de maneira ambientalmente correta, socialmente justa e economicamente viável e de outras fontes de origem controlada.

Dados Internacionais de Catalogação na Publicação (CIP)
(Câmara Brasileira do Livro, SP, Brasil)

Pereira, Edimilson de Almeida
  A morte também aprecia o jazz / Edimilson de Almeida
Pereira ; posfácio Michel Mingote. — São Paulo : Círculo de
poemas, 2023.

ISBN: 978-65-84574-35-9

1. Poesia brasileira I. Mingote, Michel. II. Título.

22-137409   CDD — B869.1

Índice para catálogo sistemático:
1. Poesia : Literatura brasileira   B869.1

Inajara Pires de Souza — Bibliotecária — CRB PR-001652/0

CÍRCULO *Luna Parque*
DE POEMAS *Fósforo*

circulodepoemas.com.br
lunaparque.com.br
fosforoeditora.com.br

Editora Fósforo
Rua 24 de Maio, 270/276, 10º andar
01041-001 - São Paulo/SP — Brasil

CÍRCULO *Luna Parque*
DE POEMAS *Fósforo*

LIVROS

1. Dia garimpo
Julieta Barbara

2. Poemas reunidos
Miriam Alves

3. Dança para cavalos
Ana Estaregui

4. História(s) do cinema
Jean-Luc Godard
(trad. Zéfere)

5. A água é uma máquina do tempo
Aline Motta

6. Ondula, savana branca
Ruy Duarte de Carvalho

7. rio pequeno floresta

8. Poema de amor pós-colonial
Natalie Diaz
(trad. Rubens Akira Kuana)

9. Labor de sondar [1977-2022]
Lu Menezes

10. O fato e a coisa
Torquato Neto

11. Garotas em tempos suspensos
Tamara Kamenszain
(trad. Paloma Vidal)

12. A previsão do tempo para navios
Rob Packer

13. PRETOVÍRGULA
Lucas Litrento

PLAQUETES

1. Macala
Luciany Aparecida

2. As três Marias no túmulo de Jan Van Eyck
Marcelo Ariel

3. Brincadeira de correr
Marcella Faria

4. Robert Cornelius, fabricante de lâmpadas, vê alguém
Carlos Augusto Lima

5. Diquixi
Edimilson de Almeida Pereira

6. Goya, a linha de sutura
Vilma Arêas

7. Rastros
Prisca Agustoni

8. A viva
Marcos Siscar

9. O pai do artista
Daniel Arelli

10. A vida dos espectros
Franklin Alves Dassie

11. Grumixamas e jaboticabas
Viviane Nogueira

12. Rir até os ossos
Eduardo Jorge

13. São Sebastião das Três Orelhas
Fabrício Corsaletti

circulodepoemas.com.br
lunaparque.com.br
fosforoeditora.com.br

Editora Fósforo
Rua 24 de Maio, 270/276, 10º andar
01041-001 - São Paulo/SP — Brasil

Você já é assinante do Círculo de poemas?

Escolha sua assinatura e receba todo mês em casa nossas caixinhas contendo 1 livro e 1 plaquete.

Visite nosso site e saiba mais:
www.circulodepoemas.com.br

CÍRCULO *Luna Parque*
DE POEMAS *Fósforo*

Este livro foi composto em GT Alpina e GT Flexa e impresso pela gráfica Ipsis em dezembro de 2022. Na ausência de sinais um convite ao fogo.